SEREZ-VOUS MINISTÈRE,

OU

NE LE SEREZ-VOUS POINT?

LETTRE

A Mr. LE DUC DECAZES,

SUR L'ESPRIT D'UN MINISTÈRE.

Par B. DE LA MATHE,
Auteur d'un APERÇU POLITIQUE, et de quelques autres écrits.

Modération.

PARIS,

Chez {DELAUNAY, CORRÉARD,} Libraires au Palais-Royal;
MONGIE, Boulevard Poissonnière;
Et les Marchands de Nouveautés.

28 Juin 1820.

LETTRE

A M. LE DUC DECAZES.

MONSEIGNEUR,

Lorsque votre retour dans la capitale fixe encore toutes les pensées, et que chaque parti, attentif, cherche sa destinée dans ce qu'il rend possible, permettez-moi de résumer quelques réflexions sur les intérêts du moment.

Tout écrit politique, adressé à un homme puissant, rencontre un obstacle presqu'invincible; ce n'est pas la difficulté d'y mettre ni du patriotisme, ni une sorte de suite dans la liaison d'idées saines; c'est la difficulté de se faire lire. Comment croire en effet qu'un homme d'état, qui voit le Roi, les Princes les ministres, les ambassadeurs et les chambres, pour lequel il ne peut y avoir rien de caché, et qui, placé sur le sommet de l'édifice politique, découvre un plus grand espace de pays, se détermine à consulter les yeux d'un obscur citoyen; si d'ailleurs cet homme d'état peut, comme vous, conclure la supériorité de ses opinions, de celle incontestable de ses talen ? A quoi bon, d'ailleurs, discuter ce qui l'a été tant de fois et si bien? N'indique-t-on que les sommités? on ne prouvera rien. Se livre-t-on à des développemens? On inspirera un dégoût insurmontable. Telles sont les objections que je me suis faites. Votre tems est trop précieux pour que je m'arrête à les résoudre ici.

Le corps de noblesse, avant la révolution, exerçait les grandes fonctions militaires et civiles; un grand nombre de ces fonctions était héréditaires; il remplissait les parlemens qui disputaient au Roi le pouvoir législatif; il contribuait donc à gouverner l'état, il était donc aristocratique.

Le retour du Roi lui rendit tous ses titres. Il le reconstitua en *corps politique nominal:* ce fut une facilité pour lui laisser tenter de redevenir *corps politique exerçant pouvoir.*

Lorsque Napoléon prit les rênes, cette ancienne aristocratie n'était plus.

Mais il s'était élevé, pendant la révolution, de nouvelles illustrations de talens et de fortune. Napoléon en créa une foule d'autres. Il leur donna des titres, des droits particuliers, des majorats; il planta le germe d'une nouvelle aristocratie.

Cette aristocratie était d'autant plus faible, que le chef était plus fort. Napoléon était naturellement trop despote, ou, par sa position, avait trop besoin de despotisme pour constituer une aristocratie vigoureuse.

Le Roi, par sa loi d'élection du 5 février 1817, concentrant partie du pouvoir législatif dans les cent mille plus imposés, donna à la nouvelle aristocratie française la force d'organisation qui lui manquait.

L'ancienne aristocratie, dépossédée des places, de la considération, d'une partie de sa fortune, et de ses droits politiques, veut rentrer dans la possession de tout ce qu'elle a perdu.

La nouvelle veut conserver ce qu'elle possède.

Elles sont donc ennemies.

Le mal de la position du trône est de se trouver entre elles deux.

Le système de fusion serait illusoire. Napoléon put fondre ensemble les deux aristocraties, parce qu'il était fort et elles faibles. Le Ministère ne le peut plus, parce qu'il est faible et elles fortes.

Le système de bascule est radicalement faux : bien loin de remédier à quelque chose, il ne fait qu'augmenter les dangers.

Il augmente les dangers en ce qu'il accroît les irritations ; le parti que l'on fait triompher cherche à se consolider ; il attaque l'autre qui s'irrite. On rend la puissance à celui-ci, qui s'en sert contre son adversaire, qu'il pousse au désespoir, et ainsi de suite. Ce système déplorable de balancement, d'opposition des partis, est précisément celui que devrait prendre tout homme dont le but serait de fomenter des divisions intestines.

Il ne peut avoir lieu que pour un moment, pour se donner le tems d'examiner de quel côté sont la force et la fidélité. Cet examen fait, il faut opter.

Le trône qui ne peut ni faire transiger les deux aristocraties, ni les maîtriser, ni les opposer l'un à l'autre, est donc forcé de s'allier à l'une d'elles. Il aurait dû se décider en faveur de celle qui lui offre le plus de garanties. Cherchons donc d'abord celle susceptible d'avoir pour lui le plus de dévouement.

Mais, d'abord, écartons toutes considérations prises dans les affections; les aristocraties n'en ont point; le ressort qui les meut est celui de leur propre intérêt; elles ont des amitiés, des haînes de position, et non de cœur.

C'est un point dont l'ancienne aristocratie se garde bien de convenir.

Je n'examinerai point si du tems des féodaux, elle opprima le trône à main armée, ni si elle ne se rallia près de lui par de-là Louis XI, que quand elle eût été totalement vaincue; ni si les parlemens demandèrent les Etats-Généraux pour inquiéter le trône, et si la noblesse le compromit pour se soustraire à de justes concessions. Je dirai seulement ce qui est de ce jour, ce que nous avons tous vu : c'est qu'elle s'est séparée du Roi, lorsqu'après l'ordonnance du 5 septembre, elle a vu que le Minstère, rentrait dans le sens constitutionnel. Nous l'avons entendu vanter alors le Gouvernement de Napoléon, qui *du moins savait régner*; mais pourquoi savait-il régner ? Parce qu'il élevait une aristocratie prépondérante dont l'anciennenoblesse n'était pas écartée. Pourquoi le Roi ne savait-il pas régner ? Parce qu'il élevait une aristocratie populaire de l'influence de laquelle l'ancienne aristocratie était exclue par le fait.

L'ancienne aristocratie n'a donc pour le trône qu'une amitié de position. Elle s'attache à lui parce qu'il la soutient; mais le trône n'a qu'à soutenir la nouvelle et celle-ci s'attachera à lui par la même cause et de la même manière. Il y a donc de part et d'autre entière parité.

Il dépend donc du trône de prendre pour alliée, pour amie, pour dévouée, l'une ou l'autre, et l'ancienneté n'y fait rien. Il devait donc mettre de côté toute considération d'affection, de fidélité, de préférence, de souvenirs et chercher l'alliance qui devait le consolider davantage, c'est-à-dire celle qui le secondera de plus de forces.

Or, il y a deux sortes de forces : l'une négative, l'autre positive. Le trône s'alliera avec l'aristocratie la plus forte, s'il se lie avec celle qui lui offrira le moins de dangers, ou qui lui apportera le plus de secours.

Voyons d'abord qu'elle est celle qui offrira le moins de dangers.

Ce sera la nouvelle.

I°. Chacun n'est pas maître de pénétrer dans l'ancienne, et personne n'a la possibilité d'en sortir : l'accès de la nouvelle est ouvert à chacun et les mutations de fortune, de commerces, de placemens de capitaux font que beaucoup de gens, cessant d'y être compris, donnent leurs places à de nouveaux arrivans. Il suit de là que la première est bien plus fortement constituée que la seconde.

II°. La nouvelle n'a point encore eu le tems de prendre l'esprit des corps politiques. Sortie du sein du peuple, elle n'a cessé d'en faire partie ; elle n'est que la tête du corps social et ne forme point corps : on peut même voir qu'elle ne veut point stipuler pour elle-même : elle ne demande que des institutions populaires : le jury, les gardes nationales, les municipalités. Je ne prétends pas qu'elle soit sans dangers dans l'avenir : il est bien certain qu'elle prendra tôt ou tard la couleur de l'institution, et c'est une idée que M. Flaugergues a parfaitement développée dans ses ouvrages. Je dis seulement que ces dangers sont plus éloignés.

III°. Si l'on donne une unité de pouvoir à dix mille individus, chacun en aura un dix millième ; si l'on donne la même unité à cent mille, chacun en un cent millième. Or on tient moins à un cent millième qu'à un dix millième ; à un dixième qu'à un. Les aristocraties plus nombreuses ont donc moins à conserver, moins à défendre, moins de ressources pour attaquer ou pour accroître.

V. E. observera que la nouvelle aristocratie ne demande de concessions qu'en faveur du peuple, tandis que l'ancienne en exige pour elle-même. Il est facile de voir que le trône s'affaiblit moins par les premieres que par les autres.

Quant aux investigations de la nouvelle aristocratie sur les actes administratifs, je remarquerai que le pouvoir directorial sera tourmenté de la même manière par l'ancienne. Cette investigation est un fardeau terrible auquel un ministère ne peut plus sans doute se soustraire. Les Députés des intérêts nationaux ont, je le veux, chagriné votre Ministère. Mais l'a-t-il été moins par les Députés des intérêts anti-nationaux? voici la différence : les premiers ont voulu forcer la clémence, les autres la sévérité ; ainsi du reste.

Les libéraux cruellement froissés par les évènement de l'Isère, furent injustes à votre égard, je le veux encore ; il y a de ces choses qui pénètrent, de ces traits d'autant plus cruels qu'ils partent de mains plus habiles et plus patriotiques. Il est fâcheux qu'on vous ait accusé des malheurs de Grenoble; mais si, dans ces accusations, il s'est trouvé trop de zèle populaire, comment appelez-vous cet autre zèle qui vous accusa hautement de complicité dans un attentat que vous déplorez, que nous déplorons tous, et qui peut rejeter la patrie au sein des plus terribles orages?

Cette accusation, fut une des mille manœuvres employées par l'ancienne aristocratie, et ne tend qu'à vous ôter du timon des affaires et à vous empêcher d'y rentrer. Cette politique est grossière. Mais ces mêmes libéraux qui vous accusèrent puissant et présent, vous défendirent faible et éloigné.

Croyez-en le vœu public, Monseigneur? si l'occasion s'en présente, faites, dans votre intérêt même, alliance avec les idées nouvelles ; ce sont celles du peuple, de la patrie, de la force, de la générosité.

Mais revenons. Ainsi donc la nouvelle aristocratie comparée à l'ancienne est moins fortement organisée, moins susceptible de prendre l'esprit aristocratique, moins ambitieuse; elle sera donc moins redoutable au trône.

Examinons maintenant qu'elle est des deux aristocraties, celle qui peut lui apporter le plus de secours, le plus de forces positives : c'est encore la nouvelle.

Il y a quatre forces en France : le pouvoir directorial, la nouvelle aristocratie, le peuple, l'ancienne aristocratie.

Or le peuple doit, dans l'état actuel des choses, être considéré comme une force inerte, susceptible de se mettre en mouvement, d'un moment à l'autre, et qui ne s'y mettra qu'en faveur des intérêts de la révolution consommée. Mais la nouvelle aristocratie vit par ces intérêts ; l'ancienne est perdue par eux : le peuple peut donc devenir l'ami intime, formidable, de la nouvelle aristocratie : jamais de l'ancienne.

Il suit de là qu'il dépend du trône de se lier ou non au peuple, selon qu'il prendra pour alliés les intérêts nouveaux ou anciens, la nouvelle ou l'ancienne aristocratie.

En vain l'ancienne aristocratie se dira-t-elle assez forte si on l'armait du pouvoir directorial. Examinons ce qui aurait lieu alors. Elle serait, dit-elle, forte des alliances étrangères, des troupes, des trésors, des administrations.

Les alliances étrangères. Si les Rois pouvaient désirer d'intervenir dans nos affaires, il est au moins fort problêmatique que leurs troupes, qui ont combattu contre Napoléon et leur indépendance nationale, combatissent avec la même ardeur pour les intérêts solidaires des oligarchies ; il est toujours certain que nous ne les accueillerions point de la même manière.

Les gouvernemens constitutionnels marchent à pas de géants : les souverains étrangers y regarderont à deux fois avant de frotter de nouveau leurs troupes contre les idées françaises.

Les glaces de Moscou ont mis Alexandre à la place de Napoléon. Le successeur de Pierre-le-Grand et de Catherine est appelé, de même que le fondateur du grand empire, à essayer de changer la face du monde. Il peut avoir des projets sur l'Orient. On dit qu'il a déclaré ne vouloir se mêler des affaires de personne. Il tiendra en échec toutes les puissances de l'Europe, qui, dans la crainte de le voir disposer de ses forces d'un côté, ne disposeront pas des leurs d'un autre.

Les Troupes et les Trésors. Mais souvent ce sont les troupes qui assurent la rentrée des impôts, et les impôts qui assurent la fidélité des troupes; que l'une de ces deux ressources soit suspendue, l'autre l'est également.

La principale force de l'ancienne aristocratie serait dans les administrations, dans une censure partiale, dans le pouvoir d'arrêter qui lui conviendrait, et de tenir indéfiniment emprisonné, dans des Cours prévôtales, etc.

Mais si toutes ces forces sont un juste épouvantail, elles sont bien moins cependant imposantes que celles qui pourraient se mettre à la disposition de la nouvelle aristocratie.

Dire que le peuple a donné sa démission, ou prétendre qui va de suite prendre fait et cause, est passer d'une extrémité à l'autre. Mais on peut dire avec raison qu'il est ajourné, qu'il attend et qu'il se décidera plus ou moins, selon que ses intérêts seront plus ou moins froissés.

L'ancienne aristocratie se trouve dans une position singulière : elle ne peut se rétablir sans reprendre, par conséquent sans mécontenter, et elle accroît la force de sa rivale de tout les mécontentemens qu'elle fera naître. Elle perd en acquérant. Craint-elle de donner des forces imposantes à sa rivale ? il lui faut reprendre peu ; ose-t-elle reprendre beaucoup ? il lui faut s'attendre à voir s'élever des forces qu'elle ne pourra plus maîtriser. On a bien de la peine, dans le siècle où nous vivons, à se faire quelque chose malgré la volonté du peuple.

L'ancienne aristocratie, par le seul fait des deux votes donnés aux éligibles, s'est rendu ennemies, 75,000 familles en première ligne dans l'état et dont certaines ont sous leur dépendance des centaines de proletaires ouvriers.

A ces 75,000 familles il faut ajouter toutes les têtes pensantes, expérimentées, qui calculent le mal comme présent parce qu'il est possible, et qui souffrent avec impatience de voir un peuple entier, après trente ans de révolutions et de malheurs, reporté, par une poignée d'hommes, au point même d'où les lumières l'avaient fait s'éloigner.

Ces forces sont déjà redoutables, car elle ne sont pas isolées : elle se lient, s'excitent ; ce sont celles de toute la population pensant et ayant. Et cette population pensant et ayant, a, d'échelons en échelons, des points de contact avec tout le reste : elle influe sur les opinions des gens qui n'ont que celle qu'on leur donne; elle aurait mille moyens de les diriger vers tel ou tel but.

La nouvelle aristocratie deviendra plus forte lors d'une nouvelle loi de recrutement, car alors elle pourra dire au peuple : *voilà qui vous touche. Les promotions militaires n'étaient accordées précédemment qu'au mérite; maintenant elles sont la propriété des nobles.* La jeunesse française ne souffrira pas sans indignation d'être condamnée à supporter les charges de la patrie sans en partager les avantages; et quelles que soient les fautes qui aient été commises depuis trente ans; depuis trente ans, dumoins, elle est haibtuée à un meilleur sort.

La nouvelle aristocratie deviendra plus forte lorsque les impositions seront accrues pour établir des indemnités en faveur de l'ancienne noblesse.

Alors on touchera à la bourse de toutes les propriétés et de toutes les industries : de tous les impôts ce sera le plus insoutenable. Payer pour êtes gouverné par l'ancienne aristocratie, après avoir payé pour la ramener! Recevoir un châtiment annuel pour avoir rempli à son égard la mission des droits naturels méconnus et de la force! donner son argent pour perdre les droits que l'on avait recouvrés! Certaines personnes trouveront que c'est trop de vexations à la fois.

Elle deviendra plus forte encore lorsque l'ancienne aristocratie, pour l'humilier, pour l'abaisser, l'affaiblir, chagrinera notre commerce manufacturier pour le livrer à l'Angleterre. Car alors les manufactures se détruisant peu à peu, les proletaires resteront sans pain et il faut que l'on mange, tout proletaire que l'on soit.

Elle deviendra plus forte, lorsque se rivale voudra rétablir l'influence du clergé; notre religion chrétienne est sainte et redoutable, mais les esprits, assez malheureux pour y être devenus indifférens, ne supporteront point l'intolérance qui en est le fondement.

Elle deviendra plus forte encore par le froissement des amours-propres qui sont aussi des intérêts, et peut être les plus actifs de tous. L'amour propre, dit Voltaire, est un ballon gonflé de vent, dont il sort des tempêtes à la moindre piqûre.

Toutes ces irritations créeront insensiblement des résistances qui demanderont de nouvelles résistances jusqu'au moment où l'explosion sera forcée.

Les nobles meneront la contre-révolution au pas de charge : ils abattront les droits à coups de hache, comme en 93 on abattit les priviléges.

Mais, du moins, ces moyens d'agiter le peuple dépendent de l'ancienne aristocratie elle-même. Elle est en position d'en ménager l'emploi et d'en éviter l'abus. On peut concevoir que, non de fait mais rationnellement, elle arrive à ce point mathématique où le peuple, au moment de parler, ne parlera point encore : elle remplira le vase ; mais la dernière goutte ne sera pas versée. Malheureusement pour elle, il existe en France le germe d'une foule d'incidens qui peuvent le faire déborder.

Il n'y a point que les intérêts et les amours-propres qui agitent les hommes : il y a de plus les affections, les souvenirs, les passions. Ceux-ci, qui ne devraient jamais se trouver dans un homme d'état, et qui malheureusement s'y rencontrent presque sans cesse, sont en puissance de mouvoir efficacement les masses populaires qui ne raisonnent point, qui ne peuvent ni ne veulent raisonner ; et qui s'abandonnent à ce qu'elles ressentent comme des brutes à leur appétit.

Or, on ne peut se dissimuler que les trente ans que nous venons de parcourir, n'aient été remplis par tout ce qui peut frapper profondément les imaginations, leur laisser ces profondes empreintes qui disposent les cœurs à s'enflâmer, les volontés à agir.

Je ne veux point soupçonner que la nouvelle aristocratie se résolve à mettre ces forces en mouvement. Mais elles s'y mettront peut-être d'elles-mêmes, dès qu'une fois le peuple sera atteint. Ne peut-il pas d'ailleurs se trouver des moteurs, autrepart que dans la nouvelle aristocratie et le peuple ? ne peut-on pas craindre des combinaisons étrangères, un soldat ambitieux, un chef populaire, un Quiroga?

La nouvelle aristocratie est assise sur des bâses tellement larges que rien ne peut l'ébranler: on ne doit pas le taire, dans l'intérêt même du trône : elle triompherait, seulement par inertie, par attente, par le progrès constant, inévitable, des lumières, du trône lui-même, secondé de toute l'ancienne aristocratie.

Si elle n'a point de raison pour être contraire à la dynastie régnante; si elle est plus formidable que sa rivale, pourquoi le trône ne se lie-t-il point à elle? C'est une grande question qui embarrasse bien des gens.

Si le trône disent-ils, repoussait les injustes défiances qui le séparent de nous et s'il renforçait son pouvoir directorial de toute la force de la nouvelle aristocratie, soutenue du peuple, il n'y aurait plus que deux puissances tellement inégales que la tranquillité ne pourait être troublée. Au moyen de cette alliance, il y aurait sur l'un des plateaux de la balance politique : le pouvoir directorial, la nouvelle aristocratie : le peuple; sur l'autre l'ancienne aristocratie, c'est-à-dire, d'une part la nation, de l'autre un corps étranger à l'état; d'une part l'individu, de l'autre un chancre qu'on aurait extirpé en l'isolant.

Pour tout homme dégagé de l'influence des partis et des intérêts, il est évident que le pouvoir directorial s'est effrayé de quelques réalités non dangereuses, auxquelles on a donné l'apparence de monstres devorateurs. En conscience, des licences de presse que l'on pouvait si bien arrêter, que maintenant on les arrête; des investigations inévitables dans les actes ministériels; des nominations amenées par de déplorables antécédens, et qui, si elles avaient pu vouloir ébranler le trône, auraient soulevé toute la France, pouvaient ne pas mériter qu'on changât une forme de gouvernement, qui, malgré quelques inconvéniens réels, sans doute, avait du moins l'avantage d'écarter toute influence de l'ancienne aristocratie, de cette vieille ennemie des hommes nouveaux. On peut dire que le pouvoir directorial quitte un terrain stable et ferme, sur lequel il était gêné, pour se placer sur un terrain mouvant et glissant, sur lequel il sera plus gêné encore : il ne pourra s'y maintenir qu'en s'armant de l'ancre de la révolution consommée, car il ne peut être question ici d'un système de fusion, ni de bascule; mais si j'osais risquer le mot, d'un *système d'arrêt.*

Il faut donc un ministère vigoureux et constitutionnel, qui se garde de fortifier l'une ou l'autre aristocratie; car fortifier la nouvelle est préparer des usurpations à l'ancienne; qui s'oppose, en conséquence, à la théorie hypocrite des substitutions et des Majorats; un ministère qui maintienne l'art. 6 de la loi de recrutement; qui craigne de soulever les opinions par des dédommagemens pécuniaires donnés à l'ancienne noblesse; car ces dédommagemens ne seraient tolérés qu'autant que cette noblesse se soumettrait, du reste, à tous les intérêts nouveaux et recevrait ainsi de la France le solde de la révolution.

Il faudrait un ministère qui, comme vous l'avez fait, protégeât, honorât, notre commerce manufacturier, et qui maintînt enfin la liberté des consciences.

Serez-vous Ministère? ne le serez-vous point?

J'ignore, Monseigneur, à quoi vous êtes appelé; mais, si vous suivez la contre-révolution, vous serez renversé par des résistances plus fortes qu'elle; si vous suivez la révolution consommée, vous marcherez entourée de poignards; si vous ménagez l'une par l'autre, vous serez sans considération et sans appui. Dans ce conflit de dangers, il faut toujours en revenir à la maxime du sage: *minima de malis;* et si j'ai prouvé que la nouvelle aristocratie, incomparablement plus forte que l'ancienne, n'était pas moins susceptible que celle-ci de s'allier au trône, ce que l'on savait bien sans moi, c'est dans ses bras que vous devez, sans crainte, jeter le trône et vous. Deux routes se présentent, l'une droite, populaire, nationale, au bout de laquelle est le salut du trône et de la patrie, l'autre tortueuse, contre-révolutionnaire, aristocratique, au bout de laquelle est un abyme pour tous.

FIN.

De l'Imprimerie de HOCQUET, rue du Faubourg Montmartre, n. 4.

www.ingramcontent.com/pod-product-compliance
Ingram Content Group UK Ltd.
Pitfield, Milton Keynes, MK11 3LW, UK
UKHW020457220726
13923UKWH00006B/2609